Das Sternenkind

Das Sternenkind

Ein Märchen von Oscar Wilde
mit Bildern von Jindra Čapek

bohem press

 Es waren einmal zwei arme Holzfäller, die durch einen großen Tannenwald nach Hause gingen. Es war Winter, und die Nacht war bitterkalt. Der Schnee lag tief auf der Erde und hoch auf den Zweigen der Bäume. Der Frost zerbrach die kleinen Äste auf beiden Seiten, wo sie vorübergingen; und als sie zu dem Gebirgsbach kamen, hing er bewegungslos in der Luft, denn der Eiskönig hatte ihn geküßt.

Es war so kalt, daß selbst die Tiere und die Vögel nicht wußten, was sie anfangen sollten.

«Uu», knurrte der Wolf, als er durch das Unterholz lief, den Schwanz zwischen den Beinen, «das ist ja ein ganz abscheuliches Wetter. Daß da die Regierung nicht einschreitet!»

«Uiit! Uiit! Uiit!» zwitscherten die grünen Hänflinge, «die alte Erde ist tot, und sie haben sie in ihrem weißen Totenlaken aufgebahrt.» «Die Erde will sich verheiraten, und dies ist ihr Brautgewand», flüsterten die Turteltauben einander zu. Ihre kleinen rosigen Füße waren ganz verfroren, aber sie meinten, es sei ihre Pflicht, die Lage romantisch aufzufassen.

«Unsinn!» heulte der Wolf. «Ich sage euch, die Regierung ist an allem schuld, und wenn ihr mir nicht glaubt, so freß ich euch.» Der Wolf war von Grund aus praktisch veranlagt, und es fehlte ihm nie an guten Gründen.

«Nun, ich für meinen Teil», sagte der Specht, der ein geborener Philosoph war, «ich kümmere mich nicht die Spur um Erklärungen. Wenn etwas so ist, ist es so, und jetzt ist es furchtbar kalt.»

Und furchtbar kalt war es wirklich. Die kleinen Eichhörnchen, die im Inneren der großen Fichten wohnten, rieben fortwährend ihre Nasen aneinander, um sich warm zu halten, und die Kaninchen rollten sich in ihren Höhlen auf und wagten nicht, sich draußen blicken zu lassen. Es schien, als ob nur die großen gehörnten Eulen sich freuten. Ihre Federn waren vom Reif ganz steif, aber das war ihnen gleich,

✳

und sie rollten ihre großen gelben Augen und riefen sich durch den Wald hin zu: «Tu-wiit! Tu-woo! Tu-wiit! Tu-woo! Was für ein wundervolles Wetter wir haben!»

Weiter und weiter gingen die beiden Holzfäller, bliesen sich kräftig auf die Finger und stampften mit ihren großen eisenbeschlagenen Stiefeln auf den festgetretenen Schnee. Einmal sanken sie in ein Loch mit Treibschnee und kamen ganz weiß heraus, wie die Müller sind, wenn die Steine Korn mahlen; und einmal glitten sie auf dem glatten Eise aus, wo das Sumpfwasser gefroren war, und ihr Reisig fiel aus den Bündeln, und sie mußten es wieder zusammensuchen und zusammenbinden; und einmal glaubten sie, sie hätten den Weg verloren, und große Angst befiel sie, denn sie wußten, daß der Schnee grausam ist gegen die, die in seinen Armen schlafen. Aber sie setzten ihr Vertrauen auf den guten Sankt Martin, der über allen Wanderern wacht, und gingen auf ihren Spuren zurück und paßten dann scharf auf. Und endlich erreichten sie den Saum des Waldes und sahen, fern unten im Tale zu ihren Füßen, die Lichter des Dorfes, in dem sie wohnten.

Ihre Freude über die Rettung war so groß, daß sie laut lachten, und die Erde erschien ihnen wie eine silberne Blume, und der Mond wie eine Blume aus Gold. Aber nachdem sie gelacht hatten, wurden sie wieder traurig, denn sie dachten an ihre Armut, und einer von ihnen sagte zum anderen:

«Warum haben wir gelacht? Wir sehen doch, daß das Leben für die Reichen ist und nicht für solche, wie wir sind. Besser, wir wären vor Kälte im Walde gestorben, oder es wären wilde Tiere über uns hergefallen und hätten uns getötet.»

«Wahrlich», antwortete sein Gefährte, «den einen ist viel gegeben und wenig den anderen. Das Unrecht hat die Welt verteilt, und nichts ist gleich geteilt außer der Sorge.»

Aber als sie ihr Elend beklagten, geschah etwas Seltsames. Vom Himmel fiel ein glänzender und schöner Stern. Er glitt seitlich am Himmel herab, an den anderen Sternen vorbei in

✳

seinem Lauf, und als sie ihm verwundert mit den Augen folgten, schien es ihnen, als sänke er hinter einem Gebüsch von Weidenbäumen zu Boden, das dicht bei einer kleinen Schafhürde stand, nicht mehr als einen Steinwurf von ihnen entfernt.

«Ei! Da liegt ein Topf Gold für den, der ihn findet», riefen sie aus, und sie machten sich auf und liefen, so gierig waren sie nach dem Golde.

Und der eine von ihnen lief schneller als der andere und überholte ihn und arbeitete sich durch die Weiden und kam auf der anderen Seite heraus, und siehe da: auf dem weißen Schnee lag wirklich ein goldenes Ding. Er eilte also dahin und beugte sich nieder und legte die Hand darauf, und es war ein Tuch aus goldenem Gewebe, seltsam mit Sternen besetzt und in viele Falten geschlungen. Und er rief seinem

Gefährten zu, er habe den Schatz gefunden, der vom Himmel gefallen sei, und als sein Gefährte gekommen war, setzten sie sich auf den Schnee und lösten die Falten des Tuches, um die Goldstücke unter sich zu verteilen. Aber ach! Es war kein Gold darin und auch kein Silber, noch überhaupt irgendein Schatz, sondern nur ein kleines schlafendes Kind. Und der eine von beiden sagte zum anderen:

«Das ist ein bitteres Ende unserer Hoffnung, und wir haben kein Glück, denn was soll ein Kind einem Manne nützen? Wir wollen es liegenlassen und unseres Weges gehen; denn wir sind arme Leute und haben selber Kinder, deren Brot wir nicht einem Fremden geben dürfen.»

Aber sein Gefährte antwortete ihm: «Nein, es wäre schlecht, das Kind hier im Schnee umkommen zu lassen, und wenn ich auch ebenso arm bin wie du und viele Münder zu füttern und nur wenig in der Schüssel habe, so will ich es doch mit nach Hause nehmen, und mein Weib soll dafür sorgen.»

Und so nahm er das Kind ganz zart auf und hüllte das Tuch darum, um es vor der scharfen Kälte zu schützen, und ging den Hügel hinunter zum Dorf, und sein Gefährte wunderte sich über seine Torheit und Herzensweichheit.

Und als sie zum Dorfe kamen, sagte sein Gefährte zu ihm: «Du hast das Kind, gib mir also das Tuch, denn es ist nur recht, daß wir teilen.»

Aber er antwortete ihm: «Nein; denn das Tuch gehört weder dir noch mir, sondern einzig dem Kinde»; und er bot ihm ein Gott zum Gruß und ging in sein Haus und klopfte.

Und als sein Weib die Tür öffnete und sah, daß ihr Mann heil zurückgekehrt war, schlang sie ihm die Arme um den Hals und küßte ihn und nahm ihm das Reisigbündel vom Rücken und fegte den Schnee von seinen Stiefeln und hieß ihn hereinkommen.

Er aber sagte zu ihr: «Ich habe etwas im Walde gefunden und es dir mitgebracht, daß du dafür sorgest», und er rührte sich nicht von der Schwelle.

✳

«Was ist es?» rief sie. «Zeige es mir, denn das Haus ist leer, und wir brauchen vieles.» Und er zog das Tuch zurück und zeigte ihr das schlafende Kind.

«Ach, guter Mann!» murmelte sie, «haben wir nicht selber Kinder genug, daß du durchaus noch einen Wechselbalg bringen mußt, an unserem Herde zu sitzen? Und wer weiß, ob es uns nicht Unglück bringen wird? Und wie sollen wir es pflegen?» und sie war zornig auf ihn.

«Ja, aber es ist ein Sternenkind», antwortete er; und er erzählte ihr, wie er es gefunden hatte.

Aber sie ließ sich nicht besänftigen, sondern höhnte ihn und sprach zornig und rief: «Unsere Kinder haben kein Brot, und sollen wir fremde Kinder füttern? Wer kümmert sich um uns? Und wer gibt uns Brot?»

«Ja, aber Gott sorgt selbst für die Sperlinge und gibt ihnen Nahrung», antwortete er.

«Sterben die Sperlinge nicht vor Hunger im Winter?» fragte sie. «Und ist nicht jetzt Winter?»

Und der Mann antwortete nichts, aber er ging nicht von der Schwelle. Und ein bitterer Wind kam vom Walde herein durch die offene Tür und ließ sie erzittern; und sie schauderte und sagte zu ihm: «Willst du die Tür nicht schließen? Es weht ein bitterer Wind ins Haus, und mich friert.»

«In ein Haus, in dem ein Herz hart ist, weht da nicht immer ein bitterer Wind hinein?» fragte er.

Und die Frau antwortete nicht, sondern kroch dichter ans Feuer. Und nach einer Weile drehte sie sich um und sah ihn an, und ihre Augen waren voll Tränen. Da trat er schnell hinein und legte ihr das Kind in die Arme; und sie küßte es und legte es in ein kleines Bett, wo das Jüngste ihrer eigenen Kinder schlief. Und am Morgen nahm der Holzfäller das seltsame goldene Tuch und legte es in eine große Truhe, und eine Kette von Bernstein, die um des Kindes Hals war, nahm seine Frau und legte sie dazu. So wurde das Sternenkind mit den Kindern des Holzfällers aufgezogen und saß mit ihnen

✳

am gleichen Tisch und war ihr Spielgefährte. Und jedes Jahr wurde es schöner, so daß alle, die im Dorfe wohnten, von Staunen erfüllt waren; denn während sie schwarzbraun und dunkelhaarig waren, blieb es weiß und zart wie gedrehtes Elfenbein, und seine Locken waren wie die Ringe des Affodill. Und seine Lippen waren wie die Blätter einer roten Blüte, und seine Augen waren wie Veilchen an einem Strome klaren Wassers und sein Leib wie der Narkissos auf einem Felde, wohin der Schnitter nicht kommt.

Aber seine Schönheit tat ihm Böses. Denn es wurde stolz und grausam und selbstsüchtig. Die Kinder des Holzfällers und die anderen Kinder des Dorfes verachtete es und sagte, sie seien von niederer Herkunft, während es edel geboren sei, denn es stamme von einem Stern ab; und es machte sich zum Herrn über sie und nannte sie seine Diener. Kein Mitleid hatte es mit den Armen oder für die, die blind waren oder verkrüppelt oder irgendwie krank; sondern es warf Steine nach ihnen und trieb sie hinaus auf die Landstraße und hieß sie ihr Brot anderswo erbetteln, so daß niemand außer den Geächteten zweimal in jenes Dorf kam, um ein Almosen zu erbitten. Ja, es war wie einer, der die Schönheit über alles liebte; und es verhöhnte, die da schwach und schlecht weggekommen waren, und machte Witze über sie; und sich selber liebte es; und im Sommer, wenn die Winde

schliefen, dann lag es am Brunnen im Garten des Priesters und sah hinunter auf das Wunder seines Gesichts und lachte vor Freude über seine Schönheit.

Oft schalten es der Holzfäller und seine Frau und sagten: «Wir haben nicht so an dir gehandelt, wie du an denen handelst, die trostlos sind und niemand haben, der ihnen hülfe. Warum bist du so grausam gegen alle, die Mitleid brauchen?»

Oft schickte auch der alte Priester nach ihm und suchte ihm die Liebe zu allem lebenden zu lehren und sagte zu ihm: «Die Fliege ist dein Bruder. Tu ihr nichts an. Die wilden Vögel, die im Walde schweifen, haben ihre Freiheit. Fange sie nicht zu deinem Vergnügen. Gott schuf die Blindschleiche und den Maulwurf, und jeder hat seinen Ort. Wer bist du, daß du Schmerz in Gottes Welt tragen dürftest? Selbst die Tiere auf dem Felde preisen Ihn.»

Aber das Sternenkind kümmerte sich nicht um solche Worte, sondern runzelte die Stirn und spottete und ging zu seinen Genossen zurück und führte sie. Und seine Genossen folgten ihm, denn es war schön und schnellfüßig und konnte tanzen und flöten und Musik machen. Und wohin das Sternenkind sie führte, dahin folgten sie, und was das Sternenkind sie tun hieß, das taten sie. Und als es mit einem scharfen Rohr dem Maulwurf die Augen ausstieß, so lachten sie, und wenn es mit Steinen nach den Aussätzigen warf, so lachten sie auch. Und in allen Dingen herrschte es über sie, und sie wurden hartherzig, so wie es.

Nun kam eines Tages eine arme Bettelfrau durch das Dorf. Ihre Kleider waren zerrissen und zerlumpt, und ihre Füße bluteten von dem rauhen Weg, auf dem sie gewandert war, und sie war in sehr üblem Zustand. Und da sie müde war, setzte sie sich unter einen Kastanienbaum, um auszuruhen.

Als das Sternenkind sie sah, sagte es zu seinen Genossen: «Seht! Da sitzt ein schmutziges Bettelweib unter dem schönen grünen Baum. Kommt, wir wollen sie fortjagen, denn sie ist häßlich und ungestalt.»

Und sie kamen näher und warfen Steine nach ihr und verhöhnten sie, und sie sah das Sternenkind mit Schrecken an und wandte den Blick von ihm nicht ab. Und als der Holzhacker, der in einem nahen Wildfang Holz spaltete, sah, was das Sternenkind tat, lief er herbei und schalt es und sagte: «Wahrlich, du hast ein hartes Herz und kennst kein Erbarmen, denn was hat dir dies arme Weib zuleide getan, daß du es so behandelst?»

Und das Sternenkind wurde rot vor Zorn und stampfte mit dem Fuß auf den Boden und sagte: «Wer bist du, daß du mich fragst, was ich tue? Ich bin nicht dein Sohn, daß ich tue, was du mich heißest.»

«Da sprichst du wahr», antwortete der Holzfäller. «Aber ich erbarmte mich deiner, als ich dich im Walde fand.»

Und als das Weib diese Worte hörte, stieß sie einen lauten Schrei aus und fiel in Ohnmacht. Und der Holzfäller trug sie zu sich ins Haus, und seine Frau sorgte für sie, und als sie aus der Ohnmacht erwachte, in die sie gefallen war, setzten sie ihr zu essen und zu trinken vor und hießen sie guten Mutes sein.

Aber sie wollte weder essen noch trinken, sondern sagte zu dem Holzfäller: «Sagtest du nicht, du hättest das Kind im Walde gefunden? Und war es nicht vor zehn Jahren am heutigen Tag?»

Und der Holzfäller antwortete: «Ja, im Walde hab' ich es gefunden, und heute sind es zehn Jahre her.»

✴

«Und was für Zeichen fandest du bei ihm?» rief sie. «Trug es nicht eine Bernsteinkette um seinen Hals? War es nicht eingehüllt in ein Tuch aus Goldgewebe, bestickt mit Sternen?»

«Ganz recht», antwortete der Holzfäller, «es war, wie du sagst.»

Und er nahm das Tuch und die Bernsteinkette aus der Truhe, in der sie lagen, und zeigte sie ihr.

Und als sie sie sah, weinte sie vor Freude und sprach: «Es ist mein kleiner Sohn, den ich im Walde verlor. Ich bitte dich, schicke sofort nach ihm, denn um ihn zu suchen, bin ich über die ganze Welt gewandert.»

Und der Holzfäller und seine Frau gingen hinaus und riefen das Sternenkind und sagten zu ihm: «Geh ins Haus; dort wirst du deine Mutter finden, die auf dich wartet.»

Und es lief hinein voll Staunen und großer Freude. Als es aber sah, wer da drinnen wartete, lachte es verächtlich und sagte: «Nun, wo ist meine Mutter? Denn ich sehe niemanden hier als das gemeine Bettelweib.»

Und das Weib antwortete ihm: «Ich bin deine Mutter.»

«Du bist wahnsinnig», rief das Sternenkind voll Zorn. «Ich bin nicht dein Sohn, denn du bist eine Bettlerin und häßlich und in Lumpen. Deshalb schere dich fort und laß mich nicht länger dein schmutziges Gesicht sehen.»

«Nein, aber du bist wirklich mein kleiner Sohn, den ich in den Wald trug», rief sie, und sie sank in ihre Knie und streckte die Arme nach ihm aus. «Die Räuber haben dich mir gestohlen und dich liegenlassen, damit du sterben solltest», murmelte sie, «aber ich erkannte dich, als ich dich erblickte, und die Zeichen habe ich auch erkannt, das Tuch aus Goldgewebe und die Bernsteinkette. Deshalb bitte ich dich: komm mit mir, denn über die ganze Welt bin ich gewandert, um dich zu suchen. Komm mit mir, mein Sohn, denn ich brauche deine Liebe.»

Aber das Sternenkind rührte sich nicht von der Stelle, sondern verschloß die Tür seines Herzens gegen sie, und man vernahm keinen Laut, als den Laut des Weibes, das aus Schmerz weinte. Und schließlich sprach es zu ihr, und seine Stimme war hart und bitter. «Wenn du in Wahrheit meine Mutter bist», sagte es, «dann wäre es besser gewesen, du wärest fortgeblieben und nicht hierher gekommen, um mich in Schande zu bringen; denn ich glaubte, ich sei das Kind eines Sternes und nicht einer Bettlerin Kind, wie du behauptest. Darum mache dich auf und laß mich dich nicht mehr sehen.»

«Ach, mein Sohn», rief sie, «willst du mich nicht küssen, ehe ich gehe? Denn ich habe vieles erduldet, um dich zu finden.»

«Nein», sagte das Sternenkind, «du bist mir zu garstig anzuschauen, und eher will ich die Natter küssen oder die Kröte als dich.»

Da stand das Weib auf und ging fort in den Wald und weinte bitterlich; und als das Sternenkind sah, daß sie fort war, freute es sich und lief zu seinen Spielgenossen zurück, um mit ihnen zu spielen.

Aber als sie es kommen sahen, verhöhnten sie es und riefen: «Ei, du bist so scheußlich wie die Kröte, und so ekelhaft wie die Natter. Mach dich fort, denn wir lassen dich nicht mit uns spielen», und sie jagten es aus dem Garten. Und das Sternen-

✳

kind runzelte die Stirn und sprach zu sich selber: «Was bedeutet das, was sie sagen? Ich will an den Wasserbrunnen gehen und hineinsehen, und er soll mir meine Schönheit zeigen.»

Und es ging an den Wasserbrunnen und sah hinein und siehe: sein Gesicht war wie das Gesicht einer Kröte und sein Körper war geschuppt wie der einer Natter. Und es warf sich in das Gras und weinte und sprach zu sich: «Wahrlich, das ist über mich gekommen wegen meiner Sünde. Denn ich habe meine Mutter verleugnet und sie fortgejagt und bin stolz und grausam gegen sie gewesen. Darum will ich gehen und sie über die ganze Welt suchen und nicht ruhen, bis ich sie gefunden habe.»

Und da kam die kleine Tochter des Holzfällers zu ihm, und sie legte ihm die Hand auf die Schulter und sprach: «Was tut es, ob du deine Schönheit verloren hast? Bleibe bei uns, und ich will dich nicht verhöhnen.»

Es sagte aber zu ihr: «Nein, denn ich bin grausam gegen meine Mutter gewesen, und zur Strafe ist mir dieses Übel gesandt. Deshalb muß ich von hinnen ziehen und durch die Welt wandern, bis ich sie finde und sie mir ihre Vergebung gibt.»

Und es lief fort in den Wald und rief seine Mutter, zu ihm zu kommen, aber es erhielt keine Antwort. Den ganzen Tag lang rief es nach ihr, und als die Sonne unterging, legte es sich auf einem Bett von Blättern nieder, um zu schlafen. Und die Vögel und die Tiere flohen vor ihm, denn sie gedachten seiner Grausamkeit, und es war allein, nur die Kröte sah es an, und die langsame Natter schlich vorüber. Und am Morgen stand es auf und pflückte bittere Beeren von den Bäumen und aß sie und ging seinen Weg durch den großen Wald und weinte. Und alles, was es traf, fragte es, ob es etwa seine Mutter gesehen hätte.

Es sagte zum Maulwurf: «Du kannst unter die Erde gehen. Sage mir, ist meine Mutter dort?»

✳

Und der Maulwurf antwortete: «Du hast meine Augen blind gemacht. Wie sollte ich es wissen?»

Und es sagte zum Hänfling: «Du kannst über die Wipfel der großen Bäume fliegen und die ganze Welt sehen. Sage mir, kannst du meine Mutter finden?»

Und der Hänfling antwortete: «Du hast mir die Flügel zu deinem Vergnügen beschnitten; wie sollte ich fliegen?»

Und zu dem kleinen Eichhörnchen, das in der Tanne wohnte und einsam war, sagte es: «Wo ist meine Mutter?»

Und das Eichhörnchen antwortete: «Du hast die meine erschlagen. Suchst du jetzt auch deine Mutter zu erschlagen?»

Und das Sternenkind weinte und neigte den Kopf und bat Gottes Geschöpfe um Vergebung und ging weiter durch den Wald und suchte nach dem Bettelweib. Und am dritten Tage kam es zur anderen Seite des Waldes und ging hinab in die Ebene.

Und wenn es durch die Dörfer kam, verhöhnten es die Kinder und warfen mit Steinen nach ihm; und die Bauern

wollten es nicht einmal in den Ställen schlafen lassen, aus Furcht, es könnte den Mehltau auf das gespeicherte Korn bringen, so furchtbar war es anzusehen, und ihre Tagelöhner jagten es davon, und niemand hatte Mitleid mit ihm. Und nirgends hörte es von dem Bettelweib, das seine Mutter war, obgleich es drei Jahre lang über die Welt wanderte und oftmals glaubte, sie vor sich auf dem Wege zu sehen und nach ihr rief und hinter ihr herlief, bis seine Füße von den scharfen Kieseln bluteten. Aber einholen konnte es sie nicht, und die am Wege wohnten, leugneten immer, sie gesehen zu haben, sie oder etwas Ähnliches, und sie verhöhnten seinen Gram. Drei Jahre lang wanderte es über die Welt, und in der Welt war weder Liebe noch Güte noch Erbarmen für es, sondern es war eine Welt, wie es sie in den Tagen seines großen Stolzes um sich geschaffen hatte.

Und eines Abends kam es an das Tor einer stark befestigten Stadt, die an einem Fluß stand, und ob es auch müde und wund war, machte es sich doch auf, hineinzugehen. Aber die

Soldaten, die auf der Wache standen, senkten ihre Helle-barden vor den Eingang und sagten rauh zu ihm: «Was hast du in der Stadt zu suchen?»

«Ich suche nach meiner Mutter», antwortete es, «und ich bitte euch, laßt mich hinein, denn es kann sein, daß sie in dieser Stadt ist.»

Aber sie verhöhnten es, und einer von ihnen schüttelte sei-nen schwarzen Bart, setzte seinen Schild nieder und rief: «Wahrhaftig, deine Mutter wird sich nicht freuen, wenn sie dich sieht, denn du bist scheußlicher als die Kröte des Sumpfes oder die Otter, die im Moraste kriecht. Mache dich fort. Mache dich fort. Deine Mutter wohnt nicht in dieser Stadt.»

Und ein anderer, der eine gelbe Fahne in der Hand trug, sagte zu ihm: «Wer ist deine Mutter, und warum suchst du sie?»

Und es antwortete: «Meine Mutter bettelt wie ich, und ich habe sie schlecht behandelt; und ich bitte euch, laßt mich hinein, daß sie mir ihre Verzeihung gebe, wenn sie in dieser Stadt weilt.»

Aber sie wollten nicht und stachen nach ihm mit ihren Speeren. Und als es sich weinend fortwandte, kam einer, dessen Rüstung mit goldenen Blumen eingelegt war und auf dessen Helm ein geflügelter Löwe lag, und er fragte die Soldaten, wer da Eintritt verlangt hätte. Und sie sagten zu ihm:

«Es war ein Bettler und das Kind einer Bettlerin, und wir haben es fortgejagt.»

«Ei», rief er lachend, «laßt uns doch das schmutzige Ding als Sklaven verkaufen, und sein Preis soll eine Schale süßen Weines sein.»

Und ein alter Mann mit einem bösen Gesicht ging vorüber und rief aus und sagte: «Ich will es um den Preis kaufen», und als er den Preis gezahlt hatte, nahm er das Sternenkind bei der Hand und führte es in die Stadt.

✳

Und nachdem sie durch viele Straßen gegangen waren, kamen sie an eine kleine Tür in einer Mauer, die von einem Granatbaum bedeckt war. Und der alte Mann berührte die Tür mit einem Ring aus geschnittenem Jaspis, und sie sprang auf, und sie gingen fünf erzene Stufen hinunter in einen Garten, in dem schwarzer Mohn wuchs und grüne Krüge aus gebranntem Lehm standen. Und der alte Mann nahm aus seinem Turban ein Tuch aus bunter Seide und band dem Sternenkind die Augen zu und stieß es vor sich her. Und als ihm das Tuch von den Augen genommen wurde, befand es sich in einem Kerker, den eine Hornlaterne beleuchtete.

Und der alte Mann setzte ihm auf einem Holzteller schimmliges Brot vor und sagte: «Iß!» und salziges Wasser in einem Becher und sagte: «Trink!» Und als es gegessen und getrunken hatte, ging der alte Mann hinaus und verschloß die Tür hinter sich und verriegelte sie mit einer eisernen Kette.

Und am anderen Tage kam der alte Mann, der der verschlagenste der libyschen Zauberer war und seine Kunst von einem gelernt hatte, der in den Gräbern des Nils wohnte, zu ihm herein, sah es finster an und sprach:

«In einem Wald nahe bei dieser Stadt von Giaouren liegen drei Stücke Gold. Eins ist aus weißem Gold, ein anderes aus gelbem Gold und das Gold des dritten ist rot. Heute sollst du mir das Stück weißen Goldes bringen, und wenn du es nicht mitbringst, so werde ich dich mit hundert Schlägen schlagen. Mache dich geschwind auf, und bei Sonnenuntergang werde ich dich an der Tür des Gartens erwarten. Sieh zu, daß du das weiße Gold bringst, oder es wird dir übel ergehen, denn du bist mein Sklave, und ich habe dich um den Preis einer Schale süßen Weines gekauft.»

Und er verband dem Sternenkind die Augen mit dem Tuch aus bunter Seide und führte es durch das Haus und durch den Mohngarten und die fünf erzenen Stufen hinauf. Und nachdem er die kleine Tür mit seinem Ring geöffnet hatte, schob er es auf die Straße.

Und das Sternenkind ging zu den Toren der Stadt hinaus und kam zu dem Wald, wovon ihm der Zauberer gesprochen hatte. Und der Wald war von außen schön anzusehen und schien voll von singenden Vögeln und süß duftenden Blumen zu sein, und das Sternenkind ging froh hinein. Aber die Schönheit nützte ihm wenig, denn wohin es auch ging, wuchsen scharfe Dornen und Sträucher aus der Erde empor und umklammerten es, und böse Nesseln brannten es, und die Distel stach es mit ihren Dolchen, so daß es in großer Not war. Und nirgends konnte es das Stück weißen Goldes finden, von dem der Zauberer gesprochen hatte, obgleich es

vom morgen bis zum Mittag suchte und vom Mittag bis zum Sonnenuntergang. Und mit Sonnenuntergang wandte es sein Gesicht heimwärts, und es weinte bitterlich, denn es wußte, was es erwartete. Als es aber den Saum des Waldes erreicht hatte, da hörte es aus einem Dickicht einen Schrei, wie von einem, der in Not ist. Und da vergaß es seine eigene Sorge und lief zurück und fand einen kleinen Hasen in einer Falle, die ein Jäger aufgestellt hatte.

Und das Sternenkind hatte Mitleid mit ihm und befreite ihn und sagte: «Ich bin selbst nur ein Sklave, und doch kann ich dir die Freiheit geben.»

Und der Hase antwortete ihm und sagte: «Wahrlich, du hast mir die Freiheit gegeben, und was soll ich dir dafür geben?»

Und das Sternenkind sagte zu ihm: «Ich suche nach einem Stück weißen Goldes und kann es nirgends finden, und wenn ich es meinem Herrn nicht bringe, wird er mich schlagen.»

«Komm mit mir», sagte der Hase, «ich will dich zu ihm führen, denn ich weiß, wo es verborgen ist, und zu welchem Zweck.»

Und das Sternenkind ging mit dem Hasen, und siehe: im Spalt eines großen Eichbaumes lag das Stück weißen Goldes, das es suchte.

Und es war voller Freude und ergriff es und sagte zu dem Hasen: «Den Dienst, den ich dir tat, hast du viele Male zurückgegeben, und die Güte, die ich dir erwies, hast du hundertfach zurückgezahlt.»

«Nein», antwortete der Hase, «aber wie du an mir gehandelt hast, habe ich an dir gehandelt», und er lief hurtig davon, und das Sternenkind ging zur Stadt zurück.

Und am Tore der Stadt saß einer, der ein Aussätziger war. Über sein Gesicht hing eine Kappe aus grauem Leinen, und durch die Augenlöcher glühten seine Augen wie rote Kohlen. Und als er das Sternenkind kommen sah, schlug er an ein hölzernes Becken und klirrte mit seiner Glocke und rief es an und sagte:

✳

«Gib mir ein Geldstück, oder ich muß Hungers sterben. Denn sie haben mich aus der Stadt gestoßen, und niemand hat Mitleid mit mir.» «Ach!» rief das Sternenkind, «ich habe nur ein Stück Goldes in meinem Beutel, und wenn ich das meinem Herrn nicht bringe, wird er mich schlagen, denn ich bin sein Sklave.»

Aber der Aussätzige flehte es an und bat es, bis das Sternenkind Mitleid hatte und ihm das Stück weißen Goldes gab.

Und als es zum Hause des Zauberers kam, öffnete ihm der Zauberer und ließ es herein und sagte:

«Hast du das Stück weißen Goldes?»

Und das Sternenkind antwortete: «Ich habe es nicht.»

Da fiel der Zauberer über es her und schlug es und setzte ihm einen leeren Teller vor und sagte: «Iß!» und einen leeren Becher und sagte: «Trink!» und warf es wieder in den Kerker.

Und am anderen Morgen kam der Zauberer wieder zu ihm und sagte:

«Wenn du mir heute nicht das Stück gelben Goldes bringst, werde ich dich wahrlich als meinen Sklaven behalten und dir dreihundert Schläge geben.»

Und das Sternenkind ging in den Wald, und den ganzen Tag lang suchte es nach dem Stück gelben Goldes, aber nirgends konnte es es finden. Und beim Sonnenuntergang setzte es sich hin und begann zu weinen, und als es weinte, kam der kleine Hase zu ihm, den es aus seiner Falle befreit hatte.

Und der Hase sagte zu ihm: «Warum weinst du, und was suchst du im Walde?»

Und das Sternenkind antwortete: «Ich suche ein Stück gelben Goldes, das hier verborgen ist, und wenn ich es nicht finde, wird mein Herr mich schlagen und mich als seinen Sklaven behalten.»

«Folge mir», rief der Hase, und er lief durch den Wald, bis er an einen Wasserpfuhl kam. Und auf dem Grunde des Pfuhles lag das Stück gelben Goldes.

«Wie soll ich dir danken?» sagte das Sternenkind, «denn siehe: das ist das zweite Mal, daß du mir geholfen hast.»

«Ja, aber du hattest zuerst Erbarmen mit mir», sagte der Hase, und er lief eilig fort.

Und das Sternenkind nahm das Stück gelben Goldes und steckte es in seinen Beutel und eilte zur Stadt. Aber der Aussätzige sah es kommen und lief ihm entgegen und kniete nieder und rief: «Gib mir ein Stück Geldes, oder ich werde Hungers sterben.»

Und das Sternenkind sagte zu ihm: «Ich habe in meinem Beutel nur ein Stück gelben Goldes, und wenn ich es meinem Herrn nicht bringe, wird er mich schlagen und mich als seinen Sklaven behalten.»

Aber der Aussätzige bat es so sehr, daß das Sternenkind Mitleid mit ihm hatte und ihm das Stück gelben Goldes gab.

Und als es zum Hause des Zauberers kam, öffnete der Zauberer ihm und ließ es herein und sagte:

«Hast du das Stück gelben Goldes?»

Und das Sternenkind antwortete: «Ich habe es nicht.»

Da fiel der Zauberer über das Sternenkind her und schlug es und belud es mit Ketten und warf es wieder in den Kerker.

✳

Und am folgenden Morgen kam der Zauberer zu ihm und sagte: «Wenn du mir heute das Stück roten Goldes bringst, will ich dich freilassen. Aber wenn du es nicht bringst, werde ich dich wahrlich erschlagen.»

Und das Sternenkind ging in den Wald hinaus und suchte den ganzen Tag lang nach dem Stück roten Goldes, konnte es aber nirgends finden. Und am Abend setzte es sich hin und weinte, und als es weinte, kam der kleine Hase zu ihm.

Und der Hase sagte zu ihm: «Das Stück roten Goldes, das du suchst, liegt in der Höhle hinter dir. Also weine nicht länger, sondern freue dich.»

«Wie soll ich dir lohnen?» rief das Sternenkind; «denn siehe, dies ist das dritte Mal, daß du mir geholfen hast.»

«Ja, aber du hattest zuerst mit mir Erbarmen», sagte der Hase, und er lief eilig fort.

Und das Sternenkind ging in die Höhle, und im entferntesten Winkel fand es das Stück roten Goldes. Und es steckte es in seinen Beutel und eilte zur Stadt. Und der Aussätzige sah es kommen und stellte sich auf die Mitte des Weges, rief aus und sagte: «Gib mir das Stück roten Goldes, oder ich muß sterben», und das Sternenkind hatte wieder Mitleid mit ihm und gab ihm das Stück roten Goldes und sagte: «Deine Not ist größer als meine.» Aber sein Herz war schwer, denn es wußte, welch übles Schicksal seiner harrte.

Doch siehe: als es durch das Tor der Stadt kam, neigten sich die Wachen und huldigten ihm und sagten:

«Wie schön unser Herr ist!»

Und eine Menge von Bürgern folgte ihm und rief:

«Wahrlich, niemand in der ganzen Welt ist schöner!»

Und das Sternenkind weinte und sprach zu sich: «Sie spotten meiner und machen sich über mein Elend lustig.» Und so groß war der Zusammenlauf des Volkes, daß es die Richtung seines Wegs verlor und sich zuletzt auf einem großen Platze befand, auf dem der Palast eines Königs stand.

Und das Tor des Palastes öffnete sich, und die Priester und

✳

die hohen Beamten der Stadt eilten ihm entgegen, und sie erniedrigten sich vor ihm und sagten:

«Du bist unser Herr, auf den wir gewartet haben, und der Sohn unseres Königs.»

Und das Sternenkind antwortete ihnen und sprach:

«Ich bin keines Königs Sohn, sondern das Kind eines armen Bettelweibes. Und warum sagt ihr, ich sei schön, da ich doch weiß, daß ich übel anzuschauen bin?»

Da hielt der, dessen Rüstung mit goldenen Blumen eingelegt war und auf dessen Helm ein geflügelter Löwe lag, einen Schild hoch und rief:

«Warum sagt mein Herr, er sei nicht schön?»

Und das Sternenkind sah hinein, und siehe: sein Gesicht war, wie es gewesen war, und seine Schönheit war zurückgekehrt, und in seinen Augen sah es, was es zuvor in ihnen nie gesehen hatte. Und die Priester und die hohen Beamten knieten nieder und sprachen zu ihm:

«Es war seit langer Zeit geweissagt, daß am heutigen Tage kommen würde, der über uns herrschen soll. Deshalb nehme unser Herr diese Krone und dies Zepter, und in seiner Gerechtigkeit und Gnade sei er unser König über uns.»

Aber es sprach zu ihnen:

«Ich bin nicht würdig, denn ich habe die Mutter, die mich trug, verleugnet, und ich darf nicht ruhen, bis ich sie gefunden habe und ihre Vergebung erfuhr. Deshalb laßt mich gehen, denn ich muß wieder über die Welt wandern und darf hier nicht weilen, ob ihr mir auch die Krone bringt und das Zepter.»

Und als er sprach, wandte es das Gesicht von ihnen und auf die Straße hinaus, die zum Tore der Stadt führte, und siehe: unter der Menge, die die Soldaten umdrängte, sah es das Bettelweib, das seine Mutter war, und ihr zur Seite stand der Aussätzige, der am Wege gesessen hatte.

Und ein Freudenschrei brach von seinen Lippen, und es lief hinüber und kniete nieder und küßte die Wunden an seiner Mutter Füßen und benetzte sie mit seinen Tränen. Es neigte sein Haupt in den Staub und schluchzte wie eines, dessen Herz brechen will, und sprach zu ihr: «Mutter, ich verleugnete dich in der Stunde meines Stolzes. Nimm mich auf in

der Stunde meiner Niedrigkeit. Mutter, ich gab dir Haß. Gib du mir Liebe. Mutter, ich stieß dich zurück. Nimm jetzt dein Kind auf.»

Aber das Bettelweib antwortete ihm nicht ein Wort.

Und das Sternenkind streckte die Hände aus und umfaßte die weißen Füße des Aussätzigen und sprach zu ihm:

«Dreimal gab ich dir von meinem Mitleid. Heiß meine Mutter einmal zu mir reden.»

Aber der Aussätzige antwortete ihm nicht ein Wort.

Und es schluchzte wieder und sprach:

«Mutter, mein Leiden ist größer, als ich es tragen kann. Gib mir deine Vergebung und laß mich zurück in den Wald.»

Und das Bettelweib legte ihm die Hand aufs Haupt und sprach:

«Stehe auf!» und der Aussätzige legte ihm die Hand aufs Haupt und sprach auch: «Stehe auf!»

Und es stand auf und sah sie an, und siehe: sie waren ein König und eine Königin.

Und die Königin sagte zu ihm:

«Dies ist dein Vater, dem du geholfen hast.»

Und der König sagte:

«Dies ist deine Mutter, deren Füße du mit deinen Tränen gewaschen hast.»

Und sie fielen ihm um den Hals und küßten es und führten es in den Palast und kleideten es in schöne Gewänder und setzten ihm die Krone aufs Haupt und legten das Zepter in seine Hand, und es regierte über die Stadt an dem Strome und war ihr Herr. Viel Gerechtigkeit und Gnade erzeigte es allen, und den bösen Zauberer verbannte es, und dem Holzfäller und seiner Frau schickte es viele reiche Gaben, und ihren Kindern gab es große Ehre. Und es duldete nicht, daß irgend jemand gegen Vogel und Vieh grausam war, sondern lehrte Liebe und Güte und Erbarmen, und den Armen gab es Brot und den Nackten Kleidung, und es war Friede und Fülle im Lande.

✷

Doch das Sternenkind herrschte nicht lange, so groß war
sein Leiden und so bitter das Feuer seiner Prüfung gewesen;
denn nach drei Jahren starb es. Und der nach ihm kam,
herrschte übel.

© 1996 by bohem press, Zürich
Alle Rechte vorbehalten
Satz: Pronto Satz AG, Zürich
Fotolitho: E. Beverari, Verona
Druck: Grafiche AZ, Verona

ISBN 3-85581-280-2

In dieser von Jindra Čapek illustrierten Reihe sind bereits erschienen:

DIE SCHNEEKÖNIGIN

KALIF STORCH
(«Schönste Schweizer Bücher des Jahres 1994»)